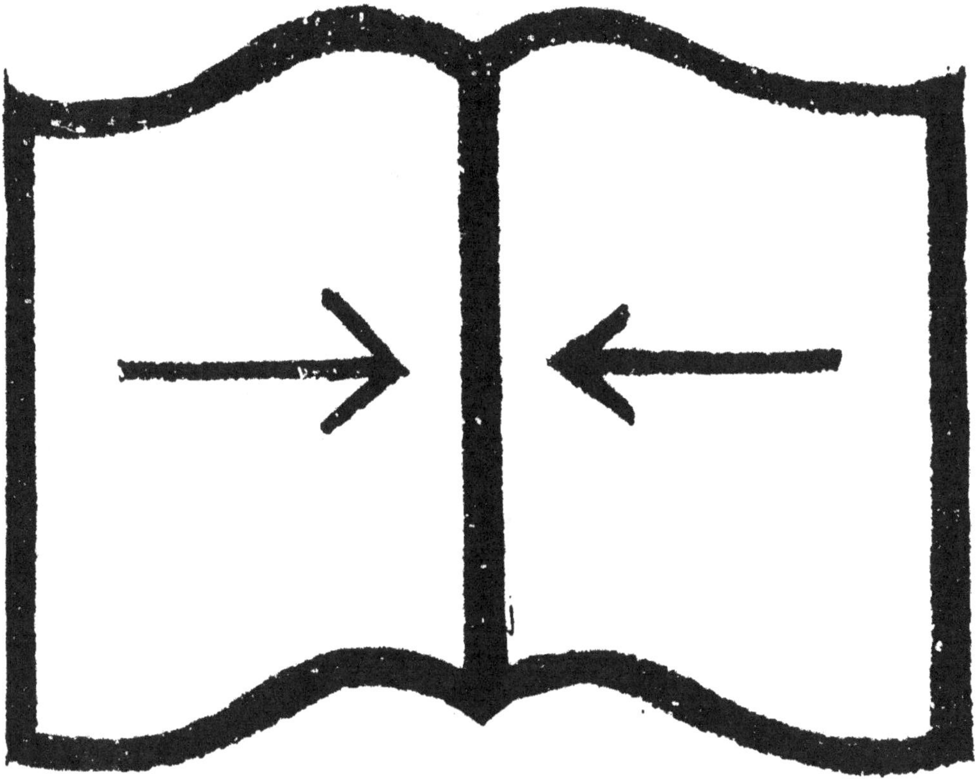

RELIURE SERREE
Absence de marges
intérieures

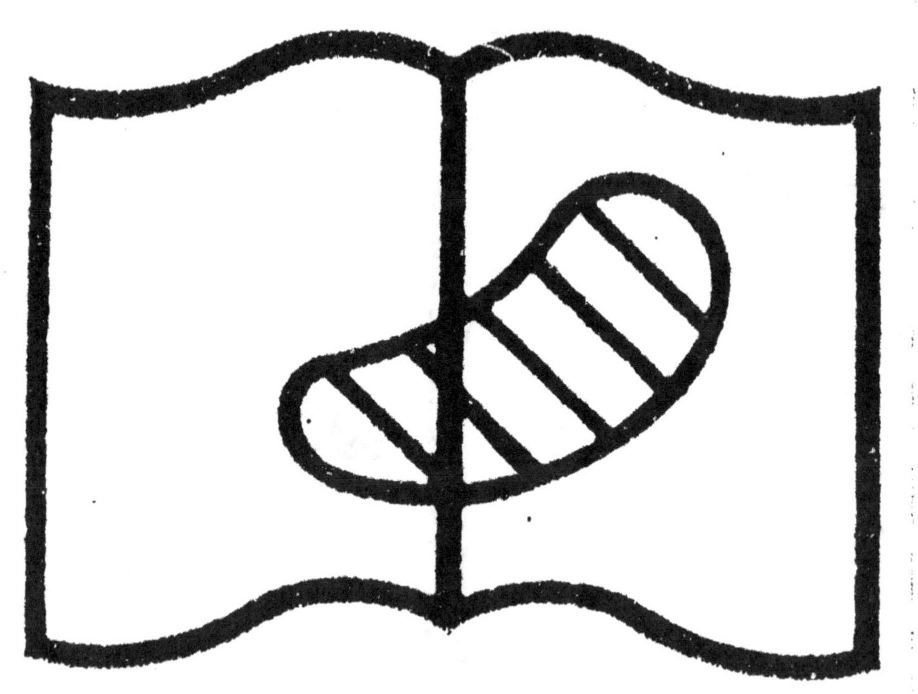

Pagination partiellement illisible

VALABLE POUR TOUT OU PARTIE DU
DOCUMENT REPRODUIT

UNE

AFFAIRE DE TRAHISON

AU XVe SIECLE

———

LIMOGES
Imprimerie Commerciale Perrette
7, Cours Jourdan

Une Affaire de Trahison

Au XVᵉ Siècle

Les épisodes pittoresques ou émouvants ne manquent pas dans l'histoire de la ville de Limoges ; mais aucun ne se présente à l'imagination avec un relief aussi vif que le procès du traître Gautier Pradeau. L'infamie de la forfaiture, non moins que le châtiment exemplaire du coupable, avait terrifié nos ancêtres, et l'épouvante des contemporains s'était, de génération en génération, communiquée à la postérité en même temps que se transmettait l'horreur du crime. Cette impression, pendant plus de trois siècles, conserva toute sa force. Les traits principaux de la dramatique histoire du magistrat parjure et félon ne s'effacèrent de la mémoire des bonnes gens de Limoges qu'à la veille de la Révolution, au moment où la vie communale acheva de s'éteindre.

Étrange rencontre ! ce procès de haute trahison jugé il y a près de cinq cents ans, présente, avec l'odieux cauchemar sous lequel la France affolée, écœurée, se débat depuis de trop longs mois, des traits notables de ressemblance. Dreyfus est un juif dont sa patrie d'adoption, trop confiante, a voulu oublier l'origine et qu'elle a rendu dépositaire d'une partie

de ses plus importants secrets ; Pradeau
est un étranger, établi et marié à Limo
ges, que la ville a fait citoyen et qu'elle
a investi de la plus haute magistrature
communale. Dreyfus livre à l'ennemi les
plans de la défense nationale ; Pradeau
vend la cité dont il est un des chefs politi-
ques et militaires et qui compte sur son dévouement pour la défendre En 1426 comme
en 1894, il y a une preuve écrite de la trahison, et c'est sur cette preuve que le coupable est accusé, poursuivi, condamné. Il
avoue, mais ses aveux sont plus tard con-
testés, tout au moins atténués. Le juge est
accusé d'avoir agi sous l'inspiration des
ennemis du traître, de s'être laissé dic-
ter sa sentence, d'avoir condamné « par
ordre» ; nous avons entendu les journaux
du syndicat lancer la même accusation
contre les membres du Conseil de
guerre. A Limoges, sous Charles VII,
comme à Paris, sous la troisième république, le frère du condamné entre-
prend avec une énergie digne d'une plus
belle cause, la lourde tâche de réhabiliter
la prétendue victime, de la venger, et il
traîne devant le Parlement royal de Poitiers, la plus haute juridiction de l'époque, les Consuls qui ont déféré Pradeau
au Juge criminel et les officiers qui ont
prononcé et exécuté la sentence. Mais
alors comme aujourd'hui, l'opinion publique s'élève indignée contre cette ten-
tative de réhabilitation : elle est toute
entière avec les magistrats qui ont puni
le forfait, et pendant que la Cour suprê-
me accorde peut-être une apparence de
satisfaction à la requête portée devant

elle, le peuple poursuit de ses outrages et de ses anathèmes, à travers les siè-cles, le nom du traître et le souvenir de la trahison.

I

En ouvrant, le 26 avril 1372, les portes de leur ville aux troupes fançaises com-mandées par le maréchal de Sancerre, les consuls du Château de Limoges avaient stipulé que tous les droits accordés aux habitants par les rois d'Angleterre se-raient confirmés, que toutes les vieilles libertés de la Commune seraient respec-tées, tous ses beaux privilèges mainte-nus. Trois notables bourgeois, députés par l'Hôtel de-Ville : Jean Bayard, Jean Martin et Laurent Sarrasin s'étaient au préalable rendus auprès de Charles V et avaient traité avec le roi des conditions auxquelles la ville « se tourneroit fran-çoise. » Ils étaient revenus porteurs de *vingt six* lettres royales accordant aux bourgeois tout ce qu'ils avaient deman-dé. Le Prince, se chargeant d'indemniser l'abbé de St Martial et le vicomte de Li-moges, seigneurs de la ville, déclarait solennellement celle-ci à jamais unie à la Couronne et la remettait à la Commu-ne et à ses magistrats, qui, à l'avenir, la tiendraient directement de lui en toute seigneurie et en toute justice. Et depuis un demi siècle en effet, les magistrats municipaux avaient, sous la main du sou-verain, gouverné leur petite république, sans aucune ingérance des officiers de la Couronne.

Ils avaient aboli une partie des droits

seigneuriaux, exerçaient les autres au nom de la ville et au profit de la population, demandant le moins possible aux citoyens, et tâchant de faire supporter aux étrangers la plus grande part des charges publiques.

Ils étaient les maîtres presque absolus derrière leurs murailles, publiaient des ordonnances de police, avaient un juge civil et un juge criminel, prononçant les sentences en leur nom ; des officiers de toute sorte, des sergents, dont la livrée bleue et rouge rappelait les émaux du noble écusson de la maison commune ; ils pouvaient lever des contributions, taxer leurs administrés, exécuter par voie de saisie les débiteurs récalcitrants ; ils possédaient un sceau, des prisons, un arsenal, commandaient la milice, ordonnaient le guet, réparaient les murailles, élevaient des tours. Ils étaient et on les appelait avec vérité les « seigneurs consuls », et jamais autorité ne fut plus que la leur respectée de la population soumise à leur magistrature.

Ces consuls, dont la plupart étaient de riches marchands ou des hommes de loi, avaient su garder leur ville au Roi au milieu d'un pays infesté par les garnisons anglaises, dont quelques-u. es, établies dans des châteaux ou des bourgs éloignés de quelques lieues seulement, poussaient des chevauchées jusqu'aux portes de la capitale de la province. Ils s'étaient montrés aussi vaillants patriotes qu'intelligents administrateurs, à ce point qu'à son récent passage à Limoges, au mois de janvier 1422, le Dauphin

Charles, alors régent de France, avait, au vieux blason de la ville montrant le chef de l'apôtre vénéré d'Aquitaine sur son champ couleur de sang, ajouté comme couronnement glorieux le ciel d'azur aux trois fleurs de lis de l'écusson de France. C'était la croix de la Légion d'honneur aux armoiries de l'héroïque ville de Châteaudun « Chrétienne et patriote », voilà ce que disait, de la population du Château de Limoges, l'écu symbolique placé au-dessus de la porte de la maison commune.

II

La vicomté appartenait alors à la famille de Bretagne, à qui le mariage d'Arthur avec l'héritière des anciens vicomtes l'avaient donnée depuis un siècle et demi. Les petits-enfants de Charles de Blois étaient bien pauvres. Marguerite de Clisson, veuve de Jean de Penthièvre, était venue, avec sa famille, chercher un asile dans ses possessions du Limousin et du Périgord. Réduite à un train bien peu en rapport avec ses hautes visées d'autrefois, l'altière fille du grand connétable s'était installée dans le modeste château de Nontron. De ses fils, l'un s'était vu contraint de se réfugier en Hainaut ; le second, arraché à ses études, languissait dans une prison en Angleterre. Le rôle de chef de famillle était échu au troisième, Jean, seigneur de Laigle, et ce rôle, le jeune homme l'avait rempli avec autant de sagesse que de fermeté. Il travaillait à recouvrer un à un les débris dispersés du domaine des anciens

vicomtes, ne perdant aucune occasion de
se mettre en avant et d'accroître son influence et son crédit. Très dévoué au Dauphin, il s'était fait le chef du parti fran-
çais dans la province, et il guerroyait vo-
lontiers, sur les confins du Limousin et
du Périgord, avec les garnisons anglaises ou les routiers qui occupaient un
certain nombre de forteresses. Il se dé-
pouillait lui-même, « ne se laissoit rien »,
nit un mémoire, pour équiper ses soldats.
Un jour, n'ayant plus un écu dans son
coffre, il vendit, pour payer sa petite
troupe, vingt tasses d'argent, un des
rares souvenirs que sa famille eût con-
servés de son ancienne splendeur. Nos
ancêtres le détestaient, et non sans rai-
son puisqu'il était l'énergique représen-
tant et le champion redoutable des re-
vendications de leur seigneur ; nous ne
pouvons, nous, voir en lui qu'un vaillant
patriote et un des plus héroïques précur-
seurs de Jeanne d'Arc.

Jean de Laigle n'avait jamais perdu
l'espoir de rentrer en possession de la
capitale de la vicomté. Il connaissait les
engagements que Charles V avait pris à
l'égard des bourgeois et il savait que le
Roi ne révoquerait pas, à moins d'événements graves, les concessions faites
aux habitants du Château. Mais il se di
sait que les événements pouvaient chan-
ger bien des choses, et il attendait, avec
confiance, une occasion favorable. Il avait
du reste, au nom de ses frères, adressé
au Parlement une requête pour obtenir
la restitution de tous les droits de sa famille sur la ville de Limoges, et il

poursuivait la revendication de ces droits contre le Roi lui-même. Entre temps il travaillait à se cr er, dans les diverses classes de la population de Limoges, des relations, des amitiés, des intelligences qu'il pût utiliser un jour. Les bourgeois ne demandaient pas mieux que de lui vendre leurs marchandises et au besoin de lui prêter de l'argent ; ils recevaient bien ses serviteurs, leur faisaient bonne chère, mais se sentant guettés par lui, ils tenaient leurs portes bien closes et faisaient avec soin le guet du haut de leurs remparts

III

Il y avait à cette époque à Limoges, dans la rue Ferrerie, au débouché de la rue du Clocher, presque en face de la tour de l'église de St-Michel, un notable commerçant, du nom de Gautier Pradeau, dit Roy. C'était un marchand drapier, qui, comme tous les négociants d'un ordre un peu relevé d'alors, faisait aussi des affaires de banque. Pradeau n'appartenait pas à une famille de la ville. Il était originaire de Lesterps, petite ville de l'Angoumois, célèbre par son abbaye On disait que son père avait naguère conspiré pour livrer le bourg à l'ennemi Peut-être était-ce à la suite de cet événement que le jeune homme avait quitté son pays. On l'avait vu arriver à Limoges, trente ans auparavant, en fort pauvre équipage. Il avait travaillé, réussi au moins pendant la première partie de sa carrière et était parvenu à épouser la sœur d'un riche bourgeois, Martial Vidaud, chef d'une des

familles les plus anciennes, les plus con-
nues et les plus influentes de Limoges.
Nous n'avons de détails ni sur le physi-
que, ni sur le caractère de Marie Vidaud.
Nous savons seulement qu'elle apporta
à son époux une belle fortune, qu'elle
eut plusieurs procès et qu'elle survécut
à Gautier. Celui-ci, grâce à son mariage
inespéré, et aux relations qu'il lui pro-
cura, devint un des hommes importants
de son quartier, de sa « bannière », comme
on disait alors, et le 22 février 1410, il
était élu consul. Il exerça de nouveau les
fonctions municipales en 1416, en 1422,
et fut changé en 1426, pour la quatrième
fois, de cet honorable mandat. Il avait
pour collègues quelques-uns des hommes
les plus importants de la ville. Nom-
mons Etienne Benoist, neveu de cet Othon
qui, élevé sept ou huit fois au consulat,
avait eu un rôle politique des plus en
vue et joui de la faveur toute spéciale du
Prince de Galles ; Guillaume de Julien,
chef d'une famille qui comptait déjà les
plus grands seigneurs et les plus hauts
magistrats de la province parmi ses débiteurs et qui devait fournir, cent ans plus
tard, nos premiers trésoriers-généraux ,
Martial Rogier, Pierre Petiot, Jacquet de
Verthamont, Pierre Boutin, personnages
jouissant d'une certaine influence sur le
peuple

S'il faut en croire le témoignage de ses
accusateurs, Pradeau avait mal adminis-
tré les biens que lui avait valus son union
avec Marie Vidaud ; son commerce ne
donnait pas de résultats entièrement sa-
tisfaisants. Et puis, il se mêlait d'a-

chat et de vente de métaux, et d'opérations
de monnayage. Or, c'était là une des
spéculations les plus aléatoires et les
plus périlleuses auxquelles il fût possible de se livrer à cette époque : l'histoire
des monnayeurs du temps ne présente
que hautes fortunes ou chutes profondes.
Aussi l'oracle de la famille Benoist, le
grand oncle Etienne, adjurait-il, dès
le quatorzième siècle, ceux de sa race
de ne jamais, pour si peu que ce fût,
s'associer à des opérations de ce genre.
Gautier avait, toujours d'après ses ennemis, fait beaucoup de « déceptions »,
c'est-à dire de tromperies, aux marchands
qui étaient en affaires avec lui. On lui
reprochait même d'avoir commis certains
actes peu honnêtes, vendu notamment
les livres d'un des couvents de Mortemart, confiés à sa garde par les religieux
Il était en quête, en 1426, d'une aubaine
qui le tirât d'embarras.

IV

Fût-il pratiqué par quelque émissaire
de Jean de Bretagne, ou bien, en relations
d'affaires avec le seigneur de Laigle,
pensa-t il que celui-ci récompenserait
généreusement l'homme qui remettrait sa
famille en possession de la capitale de la
vicomté, et fit il au prétendant les pre
mières ouvertures ? Nous ne le savons
Mais il est certain qu'il s'aboucha avec
des affidés de ce dernier et qu'il eut avec
eux des entretiens mystérieux dans un
petit logis de la rue du Clocher, tenu par
un cordonnier du nom de Blanchon, à
l'enseigne du Cygne d'Or. On offrit d'abord

au marchaud, pour prix de sa trahison,
une somme de dix mille livres, payable
aussitôt que le Château de Limoges aurait été remis aux mains de Jean de Laigle, plus le gouvernement de la ville, sa
vie durant, avec cinquante livres de rente.
Les négociations se précisant, Pradeau,
au mois de mars 1426, c'est-à dire quelques jours seulement après son élection,
prétexta un voyage. Il se rendit secrète-
ment à Soubrebost et y eut une conféren-
ce avec un serviteur du seigneur de Laigle, du nom d'Héliet ou Elie de Payzac.
Le nouveau Consul se fit fort de remettre
la ville au pouvoir du vicomte ; il indiqua
les moyens auxquels il comptait recourir,
développa son plan, et Elie, au nom de
son maître, lui promit, s'il réussissait,
une somme de vingt mille écus, qui lui
serait comptée : ld moitié aussitôt la place rendue ; l'autre moitié un peu plus tard.

Les pourparlers continuèrent durant
quelques mois. Enfin, dans une entrevue
qui eut lieu à St-Junien et où Pradeau
s'aboucha avec un autre affidé de Jean
de Laigle, Thibaut de la Goublaye, un
traité fut préparé. Le traître en écrivit de
sa main les divers articles. Jean y mit sa
signature et son sceau. On convint que,
pour éloigner les soupçons des bourgeois,
le seigneur de Laigle leur annoncerait
qu'il se proposait d'assiéger Auberoche,
occupé par une garnison anglaise, et
prierait les consuls de mettre à sa dispo-
sition quelque matériel dont il aurait
besoin pour cette expédition : un câble,
une sonde, de la poudre à canon. Il fut
entendu que le seigneur de Laigle enver-

rait à **Limoges,** soi disant pour prendre livraison de ces objets et les lui rapporter, quatre gars choisis parmi les plus énergiques et les plus robustes de ses soldats. Pradeau avait indiqué, pour l'exécution le son dessein, une époque à laquelle il devait se trouver investi des attributions de prévôt consul : chacun des douze magis'rats exerçait à tour de rôle cette charge, qui lui donnait, semble-t-il, en certaines matières et pour les affaires urgentes, les pouvoirs du consulat tout entier. Grâce à l'autorité qu'il tiendrait de ces fonctions, Gautier ferait ouvrir un jour de grand matin la porte des Arênes sous un prétexte quelconque. Les quatre compagnons se trouveraient là pour créer un embarras, provoquer une rixe, amener un incident quelconque qui occuperait quelques minutes les sentinelles, empêcher par la force le garde porte de lever le pont ou de baisser la herse, et permettre à une troupe d'élite, postée à peu de distance, de l'autre côté des fossés, d'accourir et de se saisir de la tour. Cela fait, on tiendrait en respect les bourgeois jusqu'à l'arrivée du gros des forces du prétendant laissées à peu de distance et qu'un signal préviendrait du succès de cette première partie du plan. Le reste irait tout seul. Il fut convenu que cette poignée d'hommes de choix, commandée par le prétendant lui-même, s'installerait, pour attendre l'ouverture de la porte, dans une vigne appartenant au traître, située au penchant du côteau des Carmes, presque au revers des fossés, ou peut-être au clos Buchillien, où nous

voyons quelques années plus tard sa veuve
posséder encore un immeuble. Il s'y trouvait des treilles épaisses pouvait abriter
la petite troupe. Pradeau s'était assuré
que, du haut des remparts, on ne pouvait
distinguer ce qui se passait derrière ces
treilles.

V

Comme il avait été dit, il fut fait.
Jean de Laigle rassembla toutes les forces
dont il pouvait disposer : 7 ou 800 hommes
en tout, tant ses serviteurs, vassaux et
compagnons habituels d'expédition, qu'a-
venturiers anglais ou gascons, au service
de n'importe qui, pourvu qu'on leur pro-
mît une solde et qu'on leur fît entrevoir
la perspective d'un peu de butin. Plusieurs capitaines se joignirent à lui, en-
tr'autres Jean de la Roche « lors puissant
au fait de guerre », le capitaine de Bernar-
dière, Aubeterre et autres. L'entreprise
fut fixée au 27 août. Il fut convenu que,
dans la nuit, les forces du seigneur de
Laigle s'approcheraient le plus près possible de la ville et que lui-même, avec un
petit détachement. viendrait s'établir
dans la vigne de Gautier, où il trouverait
une « lettre close » de celui-ci, contenant
ses dernières instructions.

Le vingt-six août, au matin, quatre
hommes d'armes bretons arrivaient à Limoges. Ils étaient porteurs de la missive
de Jean de Penthièvre. Les Anglais venaient de s'emparer de Nanthiac auprès
de Thiviers, et Jean annonçait l'intention
de les en déloger au plus tôt. Il deman-
dait aux Consuls leur concours et les

priait de lui envoyer « habillements de
guerre, comme engins, cordes, canons,
poudres, traictz, charpentiers et gens de
guerre ». Cette requête était chose toute
naturelle et la présence des bretons ne
paraît pas avoir causé d'émotion : Du-
guesclin, le duc de Berry, le maréchal de
Sancerre, avaient souvent, en semblable
occurrence, fait appel au dévouement et
au patrioti me des bourgeois. Et cet
appel avait toujours trouvé un écho.
D'autres affidés du prétendant avaient
réussi à pénétrer dans la ville : Jean de
Tria, capitaine de Chervix, Jean Lamer-
tis,capitaine de Masseret,et deux ou trois
autres. Ils trouvèrent un asile au logis
du cordonnier Blanchon Blanchon était
dévoué à Gautier,qui avait eu chez lui des
entrevues avec Thibaut de la Goublaye
et Elie de Peyzac.

On se fermait bien, au moyen âge, et
à partir du couvre-feu, une place murée
n'avait plus, jusqu'à l'aube, aucune communication avec le dehors. Jean de Bretagne pouvait donc espérer qu'arrivant
au milieu de la nuit par le côté le moins
peuplé de la banlieue,il ne donnerait pas
l'éveil, et que les bourgeois resteraient
dans l'ignorance de ce qui se passait sous
leurs remparts. Il en fut autrement. Le
guet, entendant sans doute un bruit in-
solite ou peut-être prévenu par un habi-
tant des faubourgs, donna l'alarme ; on
renforça la garde des portes. Les soupçons s'accrurent quand on découvrit,
tout près de la tour des Arênes, cachés
sans doute dans quelque masure en
ruines ou défilés derrière le mur de clô-

ture d'une petite cour, les quatre Bretons entrés le matin dans la ville. Ils furent saisis et conduits au Consulat.

Pradeau était accouru ; mais la présence de ses collègues paralysait son action. Les portes de la ville ne s'ouvrirent pas, et le jour vint, mettant dans une situation assez critique le seigneur de Laigle et la petite troupe postée avec lui dans la vigne du traître. On ne pouvait demeurer ainsi sous le feu des remparts. Il fallait prendre un parti. Jean ordonna à ses hommes de quitter leur embuscade et de se replier sur le gros de la petite armée. Ses compagnons éclatèrent en reproches. Pourquoi les avait-il amenés là et engagés aussi légèrement dans une entreprise périlleuse et mal préparée ? Le prétendant, pour les calmer, leur donna communication de la lettre que Gautier avait laissée pour lui et où, en lui faisant part de ses dernières dispositions, il affirmait que tout était prêt. Puis ii déchira la missive du bourgeois, en jeta les morceaux, qu'il avait froissés dans ses mains, et se retira avec ses gens sans être inquiété. Il rejoignit le reste de sa troupe et alla s'établir dans la Cité, dont ses remparts, abattus par le Prince Noir cinquante-six ans plus tôt, ne défendaient plus l'accès, mais où le château de l'évêque, demeuré debout, pouvait fournir un abri sous la protection de ses deux grosses tours et de ses solides murailles.

Avant de laisser reposer ses gens, le seigneur de Laigle voulut tenter une attaque de vive force du côté de la Porte

Boucherie qu'il supposait mal gardée. Mais les bourgeois l'accueillirent vigoureusement, et après une escarmouche, il fut obligé de se retirer dans la Cité, où il demeura sept ou huit jours, surveillant le Château et cherchant une occasion de le surprendre.

VI

A cette heure précisément, quelques habitants des faubourgs pénétraient dans la ville par une poterne de la tour des Arènes. Parmi eux se trouvaient deux prêtres ou religieux qui, en traversant les vignes, avaient aperçu les morceaux de la lettre déchirée par Jean de Penthièvre et les avaient ramassés. Ayant jeté les yeux sur cette missive, ils comprirent de quelle importance était son contenu et, à peine entrés dans la ville, s'empressèrent de remettre le papier accusateur à deux Consuls qu'ils rencontrèrent, revenant de l'alerte de la porte Boucherie. D'après nos *Annales manuscrites*, ces ecclésiastiques, ayant reconnu que la lettre était écrite par Pradeau, se seraient d'abord présentés chez lui pour la lui rendre ; mais un singulier concours de circonstances les aurait empêchés de le voir. Le récit est peu vraisemblable.

Les deux magistrats prirent connaissance de la lettre. Ils coururent aussitôt à l'hôtel de ville et firent en hâte convoquer leurs collègues. Le contenu de la missive, rapproché des événements de la nuit et de la matinée, ne pouvait laisser aucun doute sur la trame ourdie contre la ville et sur l'auteur de ce complot. Pradeau était en ce moment aux remparts, où il faisait montre d'un zèle bruyant, espérant que rien ne dénoncerait sa participation à l'entreprise. Il fut mandé au consulat et y arriva tout armé. Le bruit de trahison avait déjà transpiré et l'émotion populaire était énorme. La maison commune é ait entourée de miliciens en armes. Le magistrat félon fut introduit dans la salle des délibérations. Un silence glacial accueillit son entrée. Jamais les vieux murs de l'Hôtel de ville n'avaient été témoins d'une scène aussi dramatique, aussi saisissante. On fit connaître au traître l'accusation qui pesait sur lui. Il nia d'abord avec énergie, mais on lui mit sous les yeux les fragments de sa lettre et on lui donna communication des déclarations des quatre Bretons que, « pour avancer l'affaire », on avait interrogés, peut être mis à la question. Pradeau, effrayé par la perspective de la torture — on avait commencé à lui ôter ses armes pour l'y appliquer, — se décida à tout avouer. Il confessa le complot, le traité avec Jean de Bretagne, et livra enfin aux magistrats l'original même de ce traité déposé en lieu sûr dans sa maison. La lecture de plusieurs passages de cette convention souleva l'indignation des auditeurs.

Il était parlé, à un certain article, des officiers de la ville, dont le seigneur de Laigle « ferait justice ». On donna à ce passage un sens qu'il n'avait peut-être pas, et on accusa Pradeau d'avoir stipulé le meurtre de ses collègues. Le bruit se répandit aussitôt dans le public que, si les

vicomtins avaient réussi à pénétrer dans
la ville, ils devaient faire massacrer tous
les habitants au-dessus de treize ans. D'autres rumeurs aussi monstrueuses furent
mises en circulation et elles ne contri-
buèrent pas peu à exaspérer contre le
traître le peuple qui se pressait autour
de la maison commune.

Les Consuls livrèrent le coupable à
leur prévôt criminel, Aymeric Bouillon,
et à son lieutenant, Raymond de la Chapoulie, « chevalier et licencié ès lois, »
qui instruisirent le procès dans les for-
mes. Pradeau paraît avoir subi la question ; mais nous ignorons si l'ordre de l'y
soumettre fut donné par ses collègues ou
par le juge.

VII

La sentence fut prononcée devant le
peuple, dans l'auditoire de l'Hôtel de ville.
Le prévôt déclara Gautier convaincu du
crime de « lèse-majesté envers le roi et
les Consuls », ordonna que ses biens seraient confisqués au profit du consulat et
leur produit employé à la réparation des
murailles. Le traître aurait la tête tranchée « et seroient ses quatre membres
mis aux quatre portes de la ville. » Nous
savons que l'arrêt était en latin et qu'on
accusa les consuls de l'avoir rédigé eux-
même et de l'avoir remis tout préparé au
prévôt. On n'en a pas conservé le texte et
nous n'en possédons que de brèves ana-
lyses.

Le 3 septembre, cet arrêt reçut son
exécution au pilori du Vieux-Marché —
place actuelle du Poids-Public. — Au

milieu des cris et des malédictions de tout le peuple, le traître eut la tête tranchée ; le tronc fut ensuite coupé en quatre morceaux et chacun de ces quartiers pantelants placé au-dessus d'une des portes. La tête, piquée au bout d'une lance, fut plantée au sommet du portail des Arènes. Jean de Laigle, avant de se retirer, put voir comment les bourgeois avaient fait justice du magistrat traître à ses devoirs et à ses serments.

Les cinq Bretons avaient été pendus. Quant aux capitaines qui avaient, le 26, trouvé asile au *Cygne d'Or*, il n'est plus parlé d'eux : sans doute ils purent s'échapper. Des mesures rigoureuses furent prises contre un certain nombre de citoyens, réputés complices de Gautier Pradeau. Plusieurs furent jetés en prison, d'autres forcés de quitter la ville ; il ne semble pas qu'il y ait eu d'autres exécutions ; mais les esprits de longtemps ne purent retrouver le calme. On vivait dans des transes perpétuelles ; les dénonciations étaient fréquentes et des placards attachés la nuit aux portes de la ville adjuraient les citoyens de faire bonne garde parce qu'il se tramait contre leur indépendance et leur vie de nouveaux complots. Le procès que le maître de la Monnaie Moulin intenta peu après aux consuls, fournit quantité de détails qui reflètent le trouble et l'excitation des esprits, et montrent quelle impression avaient laissée dans l'âme populaire la trahison de Pradeau et son supplice.

Jean de Penthièvre, après être resté une semaine établi avec ses troupes dans la Cité, se décida à en déloger; mais ses hommes avaient battu les routes tout autour de la ville et s'étaient emparés d'un certain nombre de bourgeois : un de ces derniers, au moins, fut mis à mort ; les autres, fort maltraités et jetés en prison. Les Consuls avaient prévenu le Roi de ce qui se passait : Charles VII envoya au seigneur de Laigle l'ordre de laisser en paix ses fidèles bourgeois. Jean refusa d'abord d'obtempérer à cette injonction, et les hostilités continuèrent. Après des incidents assez mal connus, les évêques de Limoges et de Poitiers qui, fidèles aux traditions de l'Eglise, s'étaient interposés entre le prétendant et les Consu s, réussirent, en unissant leurs efforts à ceux du seigneur de Mortemart, envoyé spécialement par le Roi pour mettre fin à la guerre, à faire conclure, le 12 juillet 1427, une trève jusqu'au 24 juin 1428. Cette trève, que les bourgeois n'obtinrent pas sans debourser d'assez grosses sommes, fut renouvelée pour quatre ans à partir du 1er janvier 1429, grâce aux démarches de l'évêque de Limoges et du seigneur de Vendôme, maître d'hôtel du Roi.

<h2 style="text-align:center">VIII</h2>

Le traître avait subi sa peine ; mais avant et après le prononcé de l'arrêt, il avait, assurait-on, appelé au Roi de la sentence portée contre lui.

Cet appel, son frère, Jean Pradeau, le releva. Gautier n'ayant pas eu d'enfants, Jean était son héritier. Peut-être celui-ci n'eut-il pas en vue seulement, dans son entreprise de réhabilitation, la mémoire de son frère et l'honneur de la famille : il s'agissait aussi d'obtenir la restitution des biens confisqués. Quoi qu'il en fût, dès qu'une accalmie relative se produisit à Limoges et qu'on put revenir sur l'affaire sans s'exposer à être écharpé par la populace, Jean recueillit avec soin tous les renseignements qu'il put se procurer sur les particularités du procès de Gautier, présenta requête au Parlement que Charles VII avait, durant sa régence, établi à Poitiers, et obtint des lettres d'appel «comme d'excès et d'attentat». Il semble avoir trouvé un puissant appui auprès des officiers du Roi, qui tenaient la sentence prononcée contre le traître comme une usurpation des consuls et de leur prévôt : les juges royaux seuls ayant qualité pour prononcer sur un cas de lèse-majesté. Une information fut ouverte ; un grand nombre de témoins appelés, et malgré les efforts des consuls et les entraves qu'ils cherchèrent à y apporter, elle aboutit à certaines constatations ; on obtint notamment, paraît-il, une déclaration du Procureur même du Consulat, reconnaissant que Gautier avait bien, lors de sa condamnation, dit à plusieurs reprises, d'une voix forte, qu'il en appelait au Roi, mais qu'on l'avait fait taire aussitôt.

Jean demanda au Parlement que les pièces du procès lui fussent communiquées, afin de pouvoir présenter un mémoire complet. La veuve du traître, de son côté, sollicitait cette communication en vue du règlement de ses affaires.

La cour souveraine ordonna que le dossier « clos et scellé » serait apporté devant elle dans un délai de trois semaines. C'est là le premier arrêt concernant l'affaire que nous fournisse l'unique registre d'audiences du Parlement de Poitiers conservé aux Archives nationales ; cet arrêt est du 15 juillet 1427.

IX

Les débats sur le fond du procès commencèrent le 19 février 1428 seulement : il est probable que le Parlement avait, dans l'intervalle, accordé la communication demandée. Outre les Consuls : Guillaume de Julien, Etienne Benoist, Martial Trotaud, Pierre Boutin, Etienne Robin, Léonard de Vir (David ?), Martial Rogier, Jean Fogassier, Jacquet de Mont, Pierre Petieu (Petiot ?), Jean Astay et Jacquet de Verthamon, — le frère du traître avait mis en cause le prévôt Aymeric Bouillon, Raymond de la Chapoulie, son lieutenant ou assesseur ; Pierre Charbonnier, procureur des Consuls, et Aymeric Martin, greffier.

L'avocat de Jean Pradeau, maître Jouvenel, prend le premier la parole. De l'accusation qui a motivé le procès fait au frère de son client, il ne parle presque pas, et c'est prudence. Que Gautier ait « faict et baillé certaines pactions et lettres » au seigneur de Laigle, il ne le nie point : Jean de Bretagne, fidèle serviteur du Roi, n'était pas un ennemi, et se concerter avec lui n'avait rien de contraire au bon ordre et au service du souverain. Jouvenel le constate, et il passe, jugeant sans doute que le terrain, de ce côté, serait peu favorable. C'est à la forme surtout des poursuites et de la sentence qu'il s'attache. Le procès instruit par les Consuls et leurs officiers est (suivant lui) de toute nullité : Gautier a été condamné pour crime de lèse-majesté. Or, s'il y avait vraiment cas de lèse-majesté, il n'appartenait pas aux magistrats municipaux d'en connaître ; si le cas n'était point tel, ils n'avaient pas le droit de prononcer la confiscation.

Jouvenel affirme que Gautier avait des ennemis parmi les Consuls ; il semble dire que plusieurs de ceux-ci étaient ses débiteurs et avaient intérêt à le perdre. Il prétend qu'en questionnant le malheureux, ses collègues lui répétaient : « Ah ! vous vouliez nous tuer ; eh ! bien, c'est nous qui allons vous faire mourir ».

L'avocat conclut en demandant que les Consuls soient condamnés à payer une amende de dix mille livres, à recueillir et à réunir les débris du corps du supplicié, à les porter eux-mêmes solennellement dans la basilique de St Martial où ces restes seront inhumés avec les honneurs religieux, et à fonder dans cette église une « chapelle » ou vicairie dotée par eux de cinquante livres de rente. Et ces magistrats devront « tenir prison » jusqu'à l'exécution complète de l'arrêt.

X

Le Procureur du Roi, maître Rabateau, ne fut pas tendre pour les Consuls. Tout en reconnaissant que Pradeau avait fait le serment de tenir la ville de Limoges en l'obéissance directe du roi, de défendre les droits du souverain et les intérêts de la commune, et qu'en voulant mettre la ville en des mains étrangères, il s'était parjuré et s'était sans contredit rendu coupable du crime de lèse-majesté, il reprocha durement aux magistrats municipaux d'avoir excédé les droits de leur charge et abusé de leurs fonctions. Ils ne pouvaient connaître d'un cas de lèse-majesté et devaient renvoyer l'affaire devant les officiers royaux, seuls aptes à la juger. Ils n'avaient pas non plus le droit de prononcer la confiscation à leur profit. Les biens confisqués reviennent au Prince qu'a lésé le crime de haute trahison. De plus, il semble résulter de l'information que les Consuls ont bien donné à leur juge la sentence toute préparée et que le condamné a appelé de cette sentence. C'est pourquoi le Procureur demande que les chefs de la commune se voient dépouillés de l'exercice de la justice soit à perpétuité, soit du moins pour un temps, et condamnés à deux mille écus d'amende. Les biens de Pradeau seront confisqués au profit du Roi et remis à ses officiers En ce qui concerne le juge La Chapoulie, dont la conduite a été tout à fait incorrecte pour un homme de loi, il doit être condamné à cinquante livres d'amende et révoqué de ses fonctions.

Le plaidoyer de Jouvenel et le réquisitoire du Procureur du Roi avaient tenu l'audience entière. Le surlendemain seulement, l'avocat des Consuls, Morant, put prendre la parole pour défendre les magistrats traînés à la barre du Parlement.

Son plaidoyer occupa toute l'audience du 13 avril et une partie au moins de celle du 15. A plus d'un titre il mérite d'être rappelé.

XI

Le registre d'audiences donne un aperçu fort sommaire des débats et se contente d'une sèche analyse des plaidoiries ; il est visible, néanmoins, que l'avocat des Consuls crut devoir se mettre en frais d'éloquence Son début fut pompeux et magnifique. Il parla de l'origine de la Cité de Limoges, qui se perd dans la nuit des temps. Il rappela que, selon des traditions fort anciennes, la fondation de la modeste capitale des Lémoviques serait antérieure de cinq cents ans à la fondation de Rome : c'est bien ce que rapportent les érudits de la Renaissance, qu'on a accusés à tort d'avoir inventé cette prodigieuse chronologie et de l'avoir transmise à Jean de Lavaud, Pierre de Razès, Étienne Guybert et autres annalistes de la ville. Ces fables sont fort vieilles puisqu'on les trouve en cours dès le moyen-âge. Quoi qu'il en soit, le greffier de la cour, estimant sans doute que l'avocat dut tirer argument de cette vénérable antiquité, enregistra avec soin cette assertion au moins hardie.

Après avoir jeté ce coup d'œil d'aigle sur le passé, Morant s'étendit sur l'importance politique et commerciale de la ville, ses relations d'affaires et l'industrie de ses habitants.

Serrant de plus près la cause, il montra ensuite la situation qu'avaient faite les octrois de la royauté aux magistrats de cette petite république, et rappela que le prince lui-même leur avait remis Limoges en toute justice, se réservant uniquement le ressort, c'est-à-dire la souveraineté et l'appel. Et depuis cinquante ans il les laissait gouverner leur ville, qu'ils avaient su du reste sagement administrer et énergiquement défendre. L'avocat parla du témoignage éclatant qu'avait rendu de leur fidélité le roi régnant, alors Dauphin et régent de France, dans ces lettres patentes d'un style si ample et si magnifique, délivrées à Limoges même, au mois de anvier 1422. Et le Dauphin ne s'était pas borné à récompenser par de simples éloges le dévouement de ces bons serviteurs : A l'hôtel de ville, il avait donné la permission d'ajouter dans son blason, à la vieille image de Saint-Martial, les fleurs de lis de France que les citoyens avaient si vaillamment servies ; aux Consuls et à leurs descendants il avait octroyé la faculté de posséder franchement des biens nobles, comme des gentilshommes.

L'avocat continue par le récit de la trahison de Gautier Pradeau, de ses pourparlers avec les serviteurs de Jean de Laigle, de son traité avec le prétendant, des événements des 26 et 27 août 1426, de l'échec du complot, de la découverte et du procès du coupable. Pradeau a été accusé non par ses ennemis, mais par des magistrats ses collègues, dont quelques-uns avaient les larmes aux yeux en le voyant convaincu d'un aussi horrible forfait et coupable d'un crime entraînant la peine capitale Il a été condamné, non sur des témoignages suspects, non pas même sur de simples aveux qu'on pourrait croire arrachés par les terreurs ou les souffrances de la torture, mais sur des pièces qu'il a reconnues, qu'il a lui-même livrées à ses juges, qui sont au dossier, que les membres du Parlement ont sous les yeux.

Bref, le crime est patent, et si on a cherché à défigurer le caractère des intelligences du traître avec Jean de Bretagne, nul n'a osé les nier.

Il a donc été condammé justement. On dit que les Consuls auraient dû le renvoyer devant les officiers royaux ; mais des juges du roi, il ne s'en trouvait pas à ce moment dans la ville. La peste qui y régnait depuis longtemps, et qui avait fait fuir un grand nombre d'habitants, les avait chassés eux aussi. Or, les Consuls étaient à la fois justiciers et chefs militaires dans une place assiégée: ils avaient un traître devant eux ; en faisant justice, ils ont cru remplir leur devoir vis-à-vis du prince comme vis-à-vis de leurs concitoyens.

XII

Le plaidoyer de l'avocat des Consuls terminé, l'avocat de Jean Pradeau prend la parole pour répliquer. Du crime dont on a accusé Pradeau, il ne sait rien ; il ignore le complot et son but. Mais enfin il lui semble que le traité signé par Jean de Bretagne et écrit par Gautier, s'il est bien authentique, ne témoigne pas que le prétendu traître eût de mauvaises intentions à l'égard de la ville. Il ne voulait la mort de personne, et c'est en vain qu'on détourne le sens des mots pour prêter au malheureux des desseins fort différents de ses intentions. Il voulait qu'on « fît justice » des officiers de la ville, qu'on réprimât leurs abus, qu'on redressât leurs agissements, point du tout qu'on les mît à mort ; et les Consuls, pour exaspérer la population contre lui, « semoient par la ville que on devoit tout tuer, depuis treize ans »... Ils n'ont pas même laissé le prévôt rédiger la sentence. Ils la lui ont donnée toute prête, et « le dit prévost ne scavoit la lire pour ce qu'elle étoit en latin ». La vérité, c'est que Pradeau a eu ses ennemis pour juges et que certains avaient intérêt à sa mort ; car, au contraire de ce qui a été prétendu, beaucoup étaient ses débiteurs, et comme il avait confié des créances contre plusieurs bourgeois au seigneur d Laigle, pour qu'il tâchât de les faire payer, il avait excité bien des colères contre lui.

Après la réplique de Jouvenel, celle du procureur du Roi. Celui-ci n'essaie point de justifier la victime : Pradeau a commis le crime « de prodicion » contre le souverain, et en ce qu'elle le proclame convaincu de ce crime, la sentence est fondée; mais «tout le reste est mauvais». Les Consuls devaient, en présence d'un cas de lèse-majesté, s'abstenir de juger. Les officiers étaient hors de la ville, il est vrai ; mais ils n'étaient pas loin : on les

eût trouvés à quelques lieues, à Saint-
Léonard, où le siège avait été provisoire-
ment transporté. La sentence rendue
contre Pradeau est irrégulière et abusive.
Elle doit être cassée, les Consuls punis,
et, en tout cas, les biens du coupable
rendus au Roi.

XIII

Pour la troisième fois, ce jour-là, Morant demanda la parole. Il rappela encore
et les droits des Consuls sur le Château de
Limoges, droits à eux donnés par le Roi
même, et la situation critique où étaient
à ce moment les magistrats municipaux:
« ils avaient le siège devant eux, et aussi
la commotion populaire ». Ils étaient in-
vestis de toute justice, et Pradeau était
leur « subgiet ». Il a été poursuivi, arrê-
té, interrogé, convaincu, jugé, condamné
à bon droit et n'a pas appelé au souverain de la sentence du prévôt. Les Consuls nient formellement qu'il y ait eu
appel. Quant aux créances sur lesquelles
insiste l'avocat de la partie adverse, elles
n'existaient pas. Si Pradeau a réclamé de
de l'argent à certaines personnes, il n'y
avait rien de fondé dans ces prétentions.
Il a lui-même confessé qu'il ne lui était
rien dû. En somme, la condamnation a été
juste ; le procès a été régulier autant
qu'il pouvait l'être dans les circonstances
au milieu desquelles le crime s'est commis et a été découvert. L'avocat des Consuls finissait en rappelant que le traître
était fils d'un autre traître et que son
père aussi avait livré à l'ennemi ses concitoyens.

Nous ne possédons pas l'arrêt du Parlement et le dénouement du procès nous est inconnu. La dernière mention du registre d'audiences se rapporte à un arrêt interlocutoire, du 15 avril, ordonnant que les parties produiront leurs titres « devers la cour et au conseil, et que le Roy verra ce qui y sera mis ». Il y a quelques raisons de croire que la sentence du prévôt consulaire fut cassée et que les b'ens de Pradeau durent être en partie du moins, remis aux officiers royaux. Il n'est pas impossible que le frère et la veuve du condamné soient rentrés en posses· sion de quelques-uns de ces biens ; mais le parlement ne réhabilita pas la mémoire du traître, et on ne voit pas que les magistrats municipaux aient jamais été condamnés à aucune amende honorable. Peut-être une amende pécuniaire fut-elle toutefois prononcée contre eux ; en tout cas, nous n'en avons pas la preuve.

XIV

Nous avons dit que la population de Limoges avait conservé, durant plusieurs siècles, le souvenir très présent de ce dramatique épisode. Un petit monument destiné à rappeler le châtiment du traître se voyait encore incrusté dans la muraille, auprès de la porte des Arènes, peu de temps avant la démolition de celle-ci : c'était une tête colossale de pierre, engagée dans le parement du rempart et placée, au dire de l'auteur des *Annales manuscrites*, à l'endroit même où, après l'exécution, les bourgeois avaient fait placer la tête sanglante du Consul, comme un défi au prétendant et un avertissement pour ceux qui seraient tentés d'imiter la forfaiture de Pradeau.

Une procession solennelle, à laquelle assistaient les magistrats municipaux, avait eu lieu après la punition du coupable, pour rendre grâce à Dieu de la découverte du complot et de la préservation de la ville. Une cérémonie d'un caractère à la fois religieux et patriotique fut instituée dans la suite pour perpétuer le souvenir de cet événement. Chaque année, le 27 août, date notée avec soin au vieux calendrier du Consulat — *dies preservationis Castri* — les chefs de la commune s'assemblaient à la maison de ville, d'où ils se rendaient en corps, avec leurs chaperons rouges, précédés de leur porte-masse, des valets de ville et des sergents du prévôt, accompagnés de leurs officiers de justice, de leur clerc, de leur procureur et des capitaines de la milice, à l'église de St-Pierre du Queyroix ou à l'église de St-Michel-des Lions, où avait lieu alternativement la cérémonie. Ils assistaient à la grand'messe, qui était suivie d'un sermon, puis le cortège se formait pour la procession. Il était composé du clergé des deux paroisses, fort nombreux, recruté exclusivement parmi les prêtres *filleuls* de l'église, et qui s'était toujours fait remarquer par un esprit de solidarité très énergique avec la population ; venaient ensuite toutes les communautés de religieux mendiants, Dominicains, Cordeliers, Carmes, Augustins. Les Récollets s'y adjoignirent plus tard. On sait de quelle faveur ces divers ordres avaient joui au moyen âge auprès des habitants de nos villes. Les magistrats municipaux suivaient, avec leurs insignes et leur escorte. Des trompettes ouvraient la marche. Un homme, armé de toutes pièces et monté sur un cheval caparaçonné, précédait le cortège. Il tenait d'une main un vieil étendard, peut-être un trophée des troupes bourgeoises, et de l'autre une clé, celle de la porte des Arènes, sans doute. Le peuple l'appelait « l'homme de fer ». A chaque carrefour, les trompettes sonnaient et l'homme armé, qui représentait peut-être, à l'origine, Jean de Bretagne, mais dans lequel le peuple voulait reconnaître Gautier Pradeau, faisait faire trois voltes à son cheval. Puis la procession reprenait sa marche au milieu des cris de la foule, qui poursuivait le cavalier de ses huées ; les femmes l'insultaient ; les enfants lui jetaient de la boue. On se rendait ainsi au «boulevard» de la porte des Arènes, sorte de bastion ou de terrasse en avant du petit pont. Puis le cortège reprenait le chemin de l'église et la municipalité rentrait à la maison commune. Le receveur de la ville remettait à cette occasion une petite aumône au syndic de chacun des couvents des religieux conviés à la cérémonie.

Nous ne sommes pas fixé sur la date exacte et les circonstances de l'institution de cette procession commémorative ; mais il nous semble difficile d'y voir une répétition traditionnelle, quoique déviée de sa première signification, de la céré-

monie expiatoire réclamée par Jean Pradeau. Nous nous étions toutefois de-
mandé jadis s'il n'était pas possible de
trouver dans la sentence du Parlement
l'origine de ce pittoresque cortège.

Dans le courant du dix-septième siècle, « l'homme de fer » disparut du cortège, et avec lui la physionomie origi-
nale de celui-ci. Le peuple prenait encore
intérêt à cette représentation; la bourgeoi-
sie ne la comprenait plus et n'en aperce-
vait que le côté un peu puéril. La procession, toutefois, continua d'avoir lieu à
chaque anniversaire de l'événement. Cet
usage, malgré la ruine des institutions
locales et la décadence de l'esprit muni-
cipal, se maintint jusqu'aux dernières
années de l'administration de Turgot ;
mais l'atmosphère devenait de moins en
moins favorable à l'observation des vieilles coutumes comme au respect des
vieilles mœurs. En 1767, la cérémonie fut
célébrée ainsi que d'habitude. En 1768,
l'organisation communale avait été modi-
fiée; aux consuls succédaient un maire et
six échevins. Le nouveau corps de ville
crut devoir s'abstenir d'assister à la procession traditionnelle du 27 août, dont les
préparatifs avaient pourtant été faits. Le
chef de la municipalité alla plus loin :
il fit interdire la cérémonie par l'autorité
diocésaine et par la police, et il n'en fut
plus question depuis. Le peuple, à qui
rien ne rappelait plus le crime du magistrat parjure, oublia en peu d'années jusqu'au nom de Gautier Pradeau.

Nous avons mis à profit, pour écrire
cette page d'histoire locale, tous les docu-

ments qui ont trait aux événements de 1426 ou aux personnages qui y eurent un rôle..Il n'y a, dans notre récit, pas un seul trait fourni par notre imagination. Tout, jusqu'aux moindres détails, a été emprunté aux diverses versions de nos Annales manuscrites, à l'*Histoire de St-Martial* du carme Bonaventure de St Amable, à l'unique registre d'audiences du Parlement de Poitiers conservé aux Archives Nationales, aux recueils de copies de Dom Col, et à divers registres ou pièces des fonds de l'Evêché, de St-Pierre-du-Queyroix et de St-Martial, aux archives de la Haute-Vienne.

Louis Guibert.